Rino Cerritelli

SHAMSHU SUBRAMANI

Il senso umoristico
(e un po' buddistico)
del non essere

Edizioni Scripta Volant

Per il buddismo l'uomo è un essere incoerente portato all'autoinganno che per non soffrire si crea l'illusione che la sofferenza si possa affrontare evitandola o esorcizzandola. Per Shamshu Subramani l'uomo è un essere umoristico potenzialmente autoironico, che per non soccombere di fronte all'inconoscibile si crea un paradosso tra ciò che è la realtà, e quindi la sofferenza, e ciò che egli pensa che la realtà sia, e cioè l'illusione che non sia una sofferenza.

("L'impermanente permanenza del ridicolo" di S. Subramani)

Indice

Collana: Percorsi Laterali
Edizioni Scripta Volant
Tel: +39 3334408793
Email: libri@scriptavolant.net
Web: www.scriptavolant.net

Il quadrilatero perfetto

Con tutti i suoi quarant'anni sulle spalle, sulla nuca e sull'addome, Shamshu Subramani quella mattina non aveva una gran voglia di assumere la posizione tipica di chi si alza dal letto, si lava la faccia ed esce di casa.

Eppure si ritrovò nel mezzo della Taj East Gate, in direzione del primo caffè che avrebbe ordinato poco dopo, con entrambe le chiappe adagiate sulla solita poltroncina di vimini irradiata dai primi quattro raggi di sole del giorno.

Lì, come ogni mattina, di fronte alle chiome affusolate e piramidali dei quattro cipressi che soverchiavano l'entrata ovest della quarta parte di uno dei più bei giardini Moghul dell'India, egli si sentiva rinfrancato.

All'epoca di cui si narra (che differisce dall'epoca in cui si narra e dall'epoca in cui si immagina l'epoca di cui si narra), nessuno avrebbe presagito che circa dieci anni dopo anche l'India sarebbe stata gravemente investita da una pandemia che avrebbe contagiato centinaia di milioni di persone in tutto il mondo.

Nessuno, nemmeno Shamshu Subramani, avrebbe potuto prevedere quanto un caffè al Taj East Gate potesse diventare un simbolo di libertà e di emancipazione sociale, umana e spirituale.

E se anche avesse immaginato tutto questo, sappiamo che egli non avrebbe mutato il corso della sua esistenza né tantomeno la natura delle sue singolari riflessioni che riporteremo in questo volume.

Al massimo avrebbe impiegato più energia e devozione nell'ancorare le sue rotondità adipose sulle fibre di bambù di quei comodi avamposti per avventori occasionali e più tempo e passione nell'assaporare l'aroma dell'arabica monsonica mescolata alle varianti dello zenzero e della cannella del caffè indiano.

Potrà essere utile al lettore sapere anche che, da quando si era insediato ad Agra, Shamshu Subramani non si era mai stancato di rimirare quell'enorme distesa di verde che ogni mattina si presentava ai suoi occhi.

Egli sapeva quanto quell'insieme di aiuole, fiori, viali alberati e corsi d'acqua, progettate dall'architetto Ahmad Mi'mar come anticamera per il Taj Mahal, non foss'altro che un surrogato, un'imitazione di quel paradiso ultraterreno che sarebbe arrivato varcando la soglia dell'Ade.

Solo andando lì, secondo l'antica tradizione, avrebbe potuto apprezzare la perfetta simmetria dei punti cardinali, l'impeccabile purezza delle linee geometriche e l'eterna ripetizione dell'armonia delle forme.

C'è da dire che a furia di frequentare quello specchio verde persiano, Shamshu Subramani era diventato un esperto: egli conosceva a memoria ogni singolo filo d'erba di quel chahar-bag e di come si distendesse in compiuti multipli di quattro, su tracciati rettilinei incrociati a angolo retto con quattro moduli arborei geometrici attraversati da una fitta rete di ruscelli freschi e perpendicolari (a quattro a quattro).

Che egli si trovasse proprio in quel momento ad Agra, nell'Uttar Pradesh, la quarta regione più popolosa dell'India Settentrionale, non era affatto un caso, visto che da qualche tempo (circa quattro anni) abitava proprio là.

E che il numero quattro fosse per lui un numero speciale (e ridondante) gli sarebbe stato inequivocabilmente confermato dai quattro cucchiai di zucchero che avrebbe messo in ognuno dei quattro caffè che prendeva in quel bar che si trovava a quattro passi da casa sua.

Il prezzo del sublime

Ma perché era andato a vivere proprio ad Agra? Per comprenderlo occorre prima di tutto precisare che il nostro Shamshu Subramani non si era mai rassegnato a vivere tanto per vivere, praticando tutte quelle cose (come lavorare, sposarsi e lavarsi l'auto la domenica) che la maggior parte degli esseri umani fanno quando vivono tanto per vivere.

Egli non si accontentava di dormire, mangiare e respirare. Pur sapendo quanto questi bisogni fossero fondamentali per una corretta postura esistenziale, trovava incomprensibile (e inaccettabile) che potessero diventare lo scopo della vita di un uomo.

Egli detestava quindi qualsiasi attività socialmente utile (o inutile) che fosse esclusivamente finalizzata a conquistarsi il suo sacrosanto diritto a dormire, mangiare e respirare (come consegnare a domicilio cibo freddo e scotto a chi non ha voglia di cucinare, proporre nuovi contratti telefonici a chi ha già un contratto telefonico, vendere aspirapolveri a chi non è ancora diventato polvere).

In contrasto con la sensibilità di molti uomini (e probabilmente di alcuni lettori) Shamshu si era convinto che la cosa peggiore che potesse capitare a un uomo era quella di credere veramente che bisognasse 'lavorare per vivere', e cioè proprio quella condizione che riguardava più del 90 per cento dell'umanità.

"Dato che nessuno ha mai chiesto il mio consenso a nascere, per quale ragione alcuni esseri sconosciuti (che successivamente per convenzione chiameremo 'famiglia') debbono obbligarmi a guadagnarmi da vivere per stare in quel mondo in cui mi hanno indebitamente messo?" - aveva detto un giorno alla sua ex compagna di meditazione tantrica Bhagyalakshmi che lo rimproverava di non fare nulla tutto il giorno e molto meno a letto di notte.

Shamshu Subramani, insomma, si trovava a un punto cruciale della sua esistenza: il momento in cui si presagisce che la vita possa essere un sentiero poco illuminato posto in mezzo a una foresta impenetrabile e circondata da due illusioni-certezze: credere di essere in cammino verso una destinazione (ignota) e credere che quel cammino prima o poi debba cessare prima di conoscere quella destinazione (ignota).

Camminando, vivendo e respirando ad Agra, egli avrebbe voluto imparare a separare la contemplazione del sublime dall'ostentazione del sublime, e cioè da quella stoltezza umana (laica o spirituale) che conduce certi uomini a ritenere che possa esistere una bellezza puramente artistica.

Per Shamshu la bellezza abita nell'essere stesso che la contempla e non può essere separata da quest'ultimo.

Chi pretende di dividere l'oggetto contemplato dal suo contemplatore, in realtà non coglie il sublime ma il suo surrogato artistico, accontentandosi della collocazione storica e culturale o, peggio, della funzione mondana e commerciale della bellezza.

Nella sua esperienza con il sublime Shamshu aveva compreso che la bellezza ha a che fare con la vita, che la vita ha a che fare con l'essere e che l'essere ha a che fare con il nulla.

È per questo che egli aveva deciso di vivere senza dover vivere, essere senza dover essere, contemplare senza doverne stabilire il prezzo.

Una cosa è certa: Shamshu non sarebbe mai diventato un assicuratore di polizze vita, un addetto alle onoranze funebri o un critico d'arte.

Una sorprendente verità

È altresì importante che il lettore venga messo al corrente di un ulteriore elemento critico circa lo stato d'animo del nostro eroe.

Da un po' di tempo, infatti, Shamshu Subramani era attraversato da una strana e travolgente eccitazione, quella tipica euforia di chi è convinto che gli stia per accadere qualcosa di sensazionale, qualcosa che potrebbe condurlo a scoprire una clamorosa verità, o forse, accedere a una forma di inattesa consapevolezza con la quale avrebbe potuto trascendere persino dal bisogno di indossare ogni giorno calze appaiate e rigorosamente dello stesso colore.

A suscitare in lui questa inconsueta aspettativa avevano contribuito diverse circostanze.

Era già accaduto tre volte in una settimana che Shamshu, passeggiando al Mumtaz Park, si imbattesse in una coppia che discuteva a voce alta e animosamente dello stesso argomento che in quel momento stava assorbendo i suoi pensieri, come una sorta di prolungamento *ex ipso* di un suo dibattito interiore. Quello che lo aveva colpito è che nella sua ultima passeggiata, si era imbattuto in una quarta coppia che, dopo averlo visto, aveva di colpo smesso di discutere, temendo di essere sorpresa a non seguire i suoi pensieri, ma a parlare d'altro.

Era ormai da più di quattro mattine consecutive che si alzava dal letto e il suo orologio a muro segnava sempre misteriosamente le 10,10. E questo accadeva nonostante Shamshu tutti e quattro i giorni precedenti a quei risvegli, avesse regolato proprio a quell'ora la sua sveglia meccanica color argento con gallina-che-becca-il-mangime.

Altri esempi eclatanti (e in parte inspiegabili) che lo avrebbero messo in allerta sono: non ricevere per un'intera giornata la telefonata di qualcuno a cui non stava affatto pensando; fare la conoscenza di una persona straordinaria in grado di aiutarlo a superare una situazione molto difficile della sua vita che egli aveva già affrontato e risolto da tempo; scoprire che alle ore 8 dell'8 luglio di quello stesso anno (2008) a 800 chilometri da Agra, un suo caro nipotino stesse festeggiando il suo nono compleanno

Ma tutto questo non sarebbe bastato.

A scuotere davvero la sua anima tormentata sarà il ritrovamento di un antico trattato filosofico scritto da un pensatore indiano del cinquecento e sorprendentemente ignorato da tutta la letteratura locale e mondiale: Pukhraj Rastogi.[1]

---

[1] Controverso autore indiano, amico del re, poeta e drammaturgo Sudraka, vissuto in India nel cinquecento d.C. nell'ultimo regno dei Gupta.

Arte, letteratura e macachi

Pur avendo sentito spesso parlare del manoscritto di Rastogi, Shamshu ebbe la certezza della sua esistenza andando a Calcutta, recandosi al College Street (il più grande mercato di libri del mondo), entrando in confidenza con il libraio Anandmoorti Verma (il più quotato libraio del College Street) e facendosi convincere a sborsare 420 rupie più le sue scarpe in pelle (delle eleganti indian diserbo juti royal panjabi) in cambio di quel libro.

A detta del libraio, infatti, quello era uno dei più antichissimi testi indiani mai scritti fino ad ora ed era l'unico esemplare rimasto in commercio sulla terra.

Il fatto che, gironzolando da scalzo, avesse scoperto l'esistenza di un'altra decina di copie in diverse bancarelle del College Street non ridimensionò il valore simbolico che aveva dato a quel manoscritto, quantunque tutto questo lo condusse a maledire la figura di Anandmoorti

Verma per molti giorni dopo e probabilmente per altri mesi a venire.

Anche se Shamshu Subramani, in linea con la stragrande maggioranza degli storici di tutto il mondo, non sapesse se e dove realmente Pukhraj Rastogi avesse scritto quel trattato, gli piaceva immaginare che tra il IV e il V secolo, quel geniale autore indiano avesse attraversato, in compagnia del suo amico d'infanzia Sudraka[2], le campagne circostanti ad Agra, chiacchierando in sanscrito di arte, letteratura e macachi.

Ma chi era Sudraka?

Secondo alcune fonti storiche che si fondano su fonti letterarie (più o meno attendibili di quelle letterarie che si fondano su fonti storiche) egli era un illustre saggio, addestratore di elefanti, esperto di matematica, teatro e letteratura che avrebbe regnato nell'India Settentrionale nell'ultimo periodo della dinastia dei Gupta, definita da molti storici come "età

---

[2] Sudraka (abbreviazione di *Shudraka* = piccolo servo) viene identificato come sovrano, poeta e drammaturgo vissuto in India tra il IV e V secolo. Personaggio singolare e bizzarro, egli è ricordato per la sua opera dell'India antica più famosa (e ancora attuale): *Mrichchhakatika* (Il carretto di argilla).

dell'oro", soprattutto grazie al fiorire, in un periodo abbastanza lungo di pace e prosperità, della cultura, dell'arte e della scienza.

Sudraka, come vedremo in seguito, si sarebbe distinto dagli altri sovrani, non solo per le sue spiccate doti artistiche e letterarie, ma anche per alcune singolari azioni, come l'estremo sacrificio imposto a un cavallo (*Ashvamedha*), a un paio di sandali usati in legno con pomello infradito (*Paduka*) e perfino a sé stesso all'età di 110 anni (*Aatmabalidaan*).

Pur essendo un personaggio molto eccentrico, possedeva due qualità molto apprezzate dallo spirito eclettico di Pukhraj Rastogi: una straordinaria acutezza intellettuale e un forte senso dell'autoironia che lo aiutava a comprendere quanto fosse vano credere di avere una straordinaria acutezza intellettuale.

Come molti di pochi sanno, Shamshu aveva inoltre appreso da quel libro che Sudraka, l'amico di Pukhraj, coltivava parecchi hobby in voga all'epoca, tra cui, appunto, quello di scrivere poesie, parlare coi macachi e fare il re.

Un buon motivo per frequentarlo, considerato che i poeti sono delle sublimi fonti di ispirazione, i macachi dei grandi arrampicatori di alberi e procacciatori di noccioline e i re delle ottime amicizie per fare carriera, acquisire prestigio sociale e farsi prestare monete d'argento per acquistare dell'ottimo cardamomo.

La saggezza dell'insussistenza

Sappiamo da numerosi indizi (frammenti di articoli, citazioni, rapporti della polizia locale) che a Shamshu Subramani piaceva molto discutere.

Egli discuteva con tutti, per qualsiasi argomento e per qualsiasi ragione. Spesso sosteneva tesi opposte per provocare i suoi interlocutori a riflettere sulla futilità del discutere stesso e su quanto fosse irrilevante il sostenere una tesi invece di un'altra al solo fine di dare un senso alla propria esistenza.

Sappiamo anche che egli amava molto leggere e che non leggeva in modo lineare e coerente.

Come lui stesso ebbe a dichiarare in un'intervista, egli non scorreva i libri dall'inizio alla fine e non terminava mai di leggere un libro, anche dopo essere giunto alla parola fine.

Indugiava, esitava, tentennava tra una pagina e l'altra, esattamente come titubava e barcollava tra una dimensione e l'altra dell'esistenza.

"I libri sono frammenti che si sono originariamente separati dal nostro essere e che nel vagare nello spazio si sono tinteggiati di nuovi e a volte irriconoscibili significati"

A Shamshu Subramani piaceva anche scrivere e pubblicare. Numerose erano le riviste e i rotocalchi che avevano accolto i suoi articoli e i suoi editoriali, molti dei quali erano stati anche oggetto di accesi dibattiti non solo locale.

Spesso alcuni dibattiti erano sfociati in vere e proprie risse, ma questo era dovuto più alla cattiva abitudine di Shamshu di frequentare locali notturni, consumare alcolici in eccesso e contrarre debiti.

La maggior parte degli studiosi (sicuramente inferiore a quella dei non-studiosi) converge sul fatto che in tutti i suoi scritti trapeli un senso di inquietudine dove, se da una parte egli cerchi di cavarsela delineando il suo universo di senso all'interno di tutto ciò che la vita stessa gli propone (senza troppe obiezioni), dall'altra aneli a raggiungere una forma di intelligenza superiore, una sorta di competenza spirituale, intrasmissibile da un punto di vista pragmatico, che lo conduca alla 'saggezza dell'insussistenza', e cioè ben oltre quel livello rudimentale di consapevolezza del consumatore medio contemporaneo, che vive nella dimensione dell' 'essere che non sa di non essere'.

Per Shamshu la vera liberazione avviene solo in chi ha il coraggio di andare oltre la vita e la morte, svincolandosi dalla necessità di formulare un'interpretazione dell'essere e del non essere appiattita alle apparenze quotidiane (comprese le coliche intestinali e i conati di vomito del sabato sera).

Una competenza che gli avrebbe permesso di sfidare e superare una volta per tutte gli odiati inganni rassicuranti della scienza, i detestati dogmi consolanti e illusori della religione e quelle immagini mistificatorie (e spesso doppie) della realtà dopo la mezzanotte.

In tutta la sua vita Shamshu non ha mai cercato l'illuminazione dei saggi e dei profeti, non si è mai interessato a propagandare una nuova o antica fede, né ha mai voluto farsi portatore di una nuova o antica verità.

Egli voleva solo attingere da un pozzo di sapienza superiore oltrepassando il ciclo delle esistenze del *samsara*, avvicinandosi il più possibile al *nirvana* e smettere così finalmente di ubriacarsi di zutho, masticando germogli di soja, bruchi e peperoncini rossi.

Una delle sette meraviglie del mondo

Il lettore più accorto si starà ancora chiedendo, a ragione, del perché Shamshu Subramani abbia deciso di vivere proprio ad Agra e non, ad esempio, a Calcutta o a Nuova Delhi.

Anche se per comprendere bene questa scelta bisognerebbe andare a Calcutta, Nuova Delhi ed Agra (e non solo, ma anche in molte altre regioni dell'India e della terra) cercheremo ugualmente di spiegarlo in questo paragrafo, affidandoci all'intuito di ogni lettore.

Agra è un'incantevole città che sorge nella pianura del Gange e si estende sulle rive dello Yamuna, il grande fiume che dal ghiacciaio Yamunotri dell'Himalaya, dopo aver bagnato Nuova Delhi, si riversa proprio nel Gange.

Il fiume prende il nome da Yamuna, figlia di Surya (dio del Sole) e sorella di Yama (dea della Morte) e da secoli le sue acque sono venerate indipendentemente dal loro colore e dalla quantità di scarichi fognari e depositi industriali in esse presenti.

Fondata nei primi del 1500, Agra raggiunse il suo apice tra il XVI e XVIII secolo, diventando capitale dell'India grazie all'imperatore Akbar, terzo sovrano dell'impero Moghul.

Fu proprio lui a commissionare una delle principali bellezze di Agra: il Forte Rosso (Fort Agra), due chilometri e mezzo di mura perimetrali che racchiudono splendidi palazzi, graziose moschee, indimenticabili sale per riunioni pubbliche e private (compresi i bagni pubblici, dove è ancora possibile sperimentare il modo con cui gli antenati indiani praticassero l'antica arte di espellere sostanze indesiderate dal corpo).

Ma non era stato il Fort Agra (con i suoi bastioni frastagliati di arenaria rossa), e nemmeno il monumento di Itmad-ud-Daulah (una tomba costruita in marmo bianco) ad aver suggestionato Shamshu.

Ciò che lo aveva definitivamente sedotto era

stata "una lacrima di marmo ferma sulla guancia dell'eternità"[3].

Simbolo dell'amore eterno, uno dei più grandi capolavori architettonici dell'umanità, costruito con pietre preziose, perle, coralli da più di 20.000 artigiani in 22 anni di lavoro, il Taj Mahal aveva letteralmente stregato l'anima di Shamshu. La sua vista, con tutto il suo contraddittorio carico di tristezza, solitudine e magnificenza, lo inebriava permettendogli di convivere con gioia con quel perenne stato di tormento che da sempre occupava i suoi pensieri.

Shamshu si era perfettamente sintonizzato con il Taj Mahal, una delle sette meraviglie del mondo (per la precisione la quarta in classifica per bellezza, la prima dopo tre bicchieri di zutho) anche a causa di alcune recenti vicende che avevano caratterizzato la sua storia personale.

Abbagliato da quel romantico imperatore Shah Jahan, che, in memoria di Mumtaz, la sua

---

[3] Definizione del Taj Mahal di Rabindranath Tagore, poeta, scrittore e filosofo bengalese, primo Premio Nobel della Letteratura di origine non occidentale (1913).

incantevole sposa, morta prematuramente durante il suo primo parto, aveva fatto erigere quell'incredibile mausoleo, Shamshu riteneva che il suo sentimento dell'epoca, seppur non così luttuoso, fosse anch'esso molto triste.

Anche la sua futura sposa era bella e anche lei era rimasta incinta. Ma a differenza della sfortunata moglie di Shah, era viva, vegeta e in attesa di un figlio. Un figlio... di un altro.

Il fatto che lei si chiamasse Bhagyalakshmi, che avesse deciso di battezzare il nuovo venuto con il nome di Mrigankshekhar e che tutti i giorni quei due nomi avrebbe dovuto pronunciarli non lui ma un altro uomo, era l'unico motivo di sollievo rimastogli.

Bhagyalakshmi

Se è vero, come diceva il Siddharta Gautama duemila e cinquecento anni fa, che "il cambiamento non è mai doloroso ma solo la resistenza al cambiamento lo è", forse il tempo per superare il terribile supplizio di non poter più praticare la meditazione tantrica con la sua ex compagna Bhagyalakshmi non era ancora giunto per lui.

La sua mente, infatti, si opponeva con tutte le forze all'idea che il suo cambiamento comportasse il ritorno all'uso di quella pratica di autoerotismo che già i Sumeri consideravano fondamentale per aumentare la potenza sessuale e con la quale il noto Dio egizio Atum, oltre a creare l'intero universo, era in grado di gestire autonomamente il flusso e riflusso del Nilo.

In uno dei suoi primi articoli apprendiamo cosa gli disse Bhagyalakshmi con la valigia in mano, dopo aver sperimentato con lui le posizioni del bambù, del cucchiaio e dell'ostrica.

"Senza di me potrai dedicarti all'artha, al darmha e al moksha con più scrupolo e attenzione".

"Mia cara Bhagalascia… Bagulashiuma… Bigaloscikuma… sì insomma mia cara amata… come posso dedicarmi in modo soddisfacente all'artha, al darmha e al moksha se mi mancano ancora da sperimentare le altre 61 posizioni del kama?".

"Come ho fatto io finora per quelle tre posizioni che abbiamo sperimentato assieme, mio caro Shamshu Subramani"

"E cioè?"

"Accontentandomi di farlo in modo totalmente insoddisfacente."

Nonostante egli fosse molto addolorato dalla maniera con cui Bhagalascia… Bagulashiuma… Bigaloscikuma… sì insomma la sua cara amata… era uscita di scena dalla sua vita, non abbandonò affatto la sua ricerca. Doveva pur esserci una forma di intelligenza superiore che gli avrebbe consentito di andare oltre lo sconforto esistenziale di un abbandono spirituale e di gestire la complessità fonetica nel pronunciare alcuni nomi di persona in sanscrito.

L'incontro con il testo di Pukhraj Rastogi lo aiutò a riprendere in mano la sua vita, a comprendere meglio il senso di tutto quello che gli era accaduto e a rispondere ad alcune domande del test di ammissione al concorso per dipendenti comunali presso la municipalità di Agra, qualora le riviste del posto non volessero più pubblicare i suoi articoli e i locali notturni non gli facessero più credito.

Pukhraj Rastogi

Pukhraj Rastogi, l'autore indiscusso (e cioè per chi non ama discutere sul fatto che sia proprio lui l'autore) del manoscritto *"L'intelligenza spirituale che fa ridere"*[4] che il nostro Shamshu Subramani ritrovò al College Street di Calcutta, pare dunque essere un contemporaneo dello scrittore Sudraka.

Entrambi vissero durante la dinastia Budhagupta, e cioè nell'ultimo periodo del regno dei Gupta, che, come abbiamo detto, fu tra i più fiorenti dell'India antica in termini di arte e cultura.

Probabilmente entrambi, nelle fasi finali della loro vita, assistettero impotenti alla decadenza e rovina di questo lungimirante e pacifico regno a causa dell'invasione di altri popoli meno portati all'uso dell'intelligenza relazionale e della saggezza interiore, e più orientati a impossessarsi

---

[4] *"Vyaavahaarik khuphiya ki aap hansee banaata hal'* scritto tra il V e VI secolo d.c. da Pukhraj Rastogi.

dei preziosi beni di altre civiltà con la persuasione data principalmente dalla rozzezza aggressiva dell'aspetto fisico.

Anche l'India dei Gupta, infatti, fu costretta a sottomettersi ai nuovi agguerriti e spietati dominatori provenienti dall'Iran, denominati Unni Bianchi[5], perché, a differenza di altri Unni, nonostante la deformità dei loro crani, la secchezza della loro pelle e la crudeltà dimostrata in guerra, sembra si dedicassero con accuratezza alla pulizia dei denti prima di ogni battaglia.

Secondo alcune fonti Pukhraj Rastogi divenne amico e collega di Sudraka fin dalla tenera età: insieme rincorrevano serpentelli, tiravano le pietre alle tartarughine e torturavano le lucertoline.

Insieme collaborarono alla stesura di un romanzo e insieme scrissero persino un saggio ironico sulle pratiche di accoppiamento dei

---

[5] Gli Unni bianchi o Eftaliti erano una tribù nomade, di origini iraniane che viveva tra Cina, India, Asia centrale e Pakistan e che ha contribuito al crollo dell'impero dei Gupta.

macachi maschi e sulle numerose analogie con quello degli umani.

La grande pazienza e determinazione di Rastogi era testimoniata dal fatto che egli, a differenza di molti contemporanei, riuscisse a frequentare Sudraka nonostante alcune sue fissazioni difficili da estirpare, come l'ossessione di sentirsi un esperto di *Rgveda* (recitava ogni dieci minuti un inno di sua invenzione sulla conoscenza) e quella di sentirsi uno specialista di *Samaveda* (alternava alla recitazione canti e melodie improvvisate sulla conoscenza).

Tutto questo ispirò il primo trattato di Rastogi giunto fino a noi: un piccolo ma significativo saggio sull'intrasmissibilità della conoscenza a causa degli effetti negativi dettati da un eloquio soporifero e da una voce oltre i limiti della dissonanza armonica: *"Gyaan se preshit nahin kiya ja sakata jab sharavan unhonne atyaachaar kiya gaya"*[6]

---

[6] *"Nessuna conoscenza può essere trasmessa quando l'udito è stato torturato"*, scritto tra il V e VI secolo d.c. da Pukraj Rastogi.

Sudraka e il carretto d'argilla

Nonostante il suo grande potere e la sua ottima eloquenza, la storia narra che, a causa di queste ubbie, Sudraka, sia rimasto sconosciuto e che il suo nome non ricorra in alcuna iscrizione o moneta.

Tutti quelli che lo incontravano, dopo averlo sentito recitare e cantare, preferivano dire in giro che non lo conoscevano e che ignoravano totalmente la sua esistenza. Una situazione disperata e paradossale per un re che, come tutti i re, aspirava a lasciare qualche traccia di sé nella storia del suo paese e dell'umanità.

Egli fece di tutto per farsi ricordare.

Scrisse un famoso dramma di dieci atti, solo per autocitarsi nel prologo come re, padre di re e sapiente teologo e a cui diede un titolo che sarebbe diventato un ottimo scioglilingua in tutte le scuole indiane: "*Mcrcchakaṭikā*"[7].

---

[7] "*Il carretto d'argilla*", scritto tra il IV e V secolo d.c. da Sudraka, singolare opera del

Insediò al trono suo figlio (anch'esso però ignorato dagli storici per timore che il ricordo del figlio richiamasse quello del padre).

Condannò a morte un cavallo per aver disubbidito al suo padrone ed eseguì lui stesso la sentenza (con grande disappunto del cavallo che si rifiutò di mettersi in ginocchio prima dell'esecuzione).

Infine si mise egli stesso allegramente al rogo dieci anni dopo aver compiuto i suoi primi 100 anni. Alcuni testimoni dell'epoca narrano, infatti, che durante la cerimonia, mentre avvampava tra le fiamme, si lamentò che non ci fosse nessun pittore a ritrarre l'evento.

---

teatro indiano tradotta, interpretata e apprezzata in centinaia di lingue per i suoi personaggi ritratti con rara sensibilità e descrizioni fini e accurate, uno spaccato dell'antica società dell'India, dei suoi usi e dei suoi costumi. Oltre a quest'opera a Sudraka è attribuito anche un vivace monologo comico.

Il senso della vita (dopo la vita)

E fu proprio durante quelle passeggiate-chiacchierate che Pukhraj Rastogi, prendendo spunto dal contrasto tra la grande saggezza e l'insuperabile bizzarria del personaggio Sudraka, ebbe modo di progettare il trattato che poi scrisse effettivamente nel 482 d.C. e che il nostro Shamshu Subramani trovò, per sua e nostra fortuna, al mercato dei libri di Calcutta.

In quel trattato Rastogi svelava i fondamenti di una forma nuova di saggezza e di come si può accedere a un'intelligenza superiore per uscire dal buio delle impressioni e delle interpretazioni e giungere infine alla vera illuminazione. Una grande intuizione per l'epoca, se calcoliamo che non era ancora stata inventata la lampada alogena e scarseggiavano persino le candele e i fiammiferi.

Attraverso il distacco ironico da ogni disciplina e/o dottrina di vita, questa forma elevata di sapienza avrebbe potuto risvegliare la coscienza profonda di ogni uomo, anche senza l'obbligo di alzarsi dal letto dopo una certa ora la mattina.

L'obiettivo di Pukhraj era riportare al centro l'essere in sé dell'uomo che, a causa del suo frantumarsi nel mondo (e il conseguente frantumarsi di qualcos'altro) si era disperso tragicamente nei dettagli del vivere quotidiano.

Rastogi definisce magnificamente questa competenza superiore come quel vento caldo e leggero che "farà evaporare quella goccia di rugiada che è la vita"[8].

Egli stesso però ci avvisa che occorre stare attenti perché quella stessa competenza, se usata male, può anche diventare quel vento freddo e pesante "che cristallizzerà quella goccia, trasformandola in un iceberg contro il quale si schianterà la nave della propria esistenza". Ad alcuni lettori non sfuggirà di certo una chiara e sinistra anticipazione del disastro del Titanic.

Per Rastogi ogni cosa che ci appare logica e

---

[8] Tratto da "*L'intelligenza spirituale* che fa ridere" di Pukhraj Rastogi. Tutti i successivi virgolettati riferiti a Rastogi sono tratti da questo trattato.

consequenziale può diventare all'improvviso assurda e insensata perchè: "la vita è fragile quando la morte è in agguato (e viceversa)".

Come stigmatizzerà meglio Shamshu Subramani con un linguaggio a noi più vicino nel suo breve saggio-articolo "*Vidambana aur jaagarookata; hone ke saagar mein hone kee berukhee*"[9]:

"(...) la morte non ha un tempo, il suo arrivo non è cronometrabile (tranne nei casi di infarto durante una corsa campestre), si presenta inaspettata (tranne nei casi di condanna capitale inappellabile), giunge rapida e improvvisa (tranne nei casi in cui è riscontrabile un certo accanimento ospedaliero)".

Imparando a esercitare questa forma di intelligenza superiore ogni uomo ha la possibilità di dialogare con ciò che è la sua vera meta (ovvero la morte stessa) "senza doversi più stressare nel decidere se è giusto morire prima o

---

[9] "*Ironia e consapevolezza: il senso del non essere nell'oceano dell'essere*", articolo comparso su diversi quotidiani e riviste indiane (2006-2008: "*Hindustan Time*", "*Tehelka*", "*Savvy*" ecc.)

dopo averlo comunicato sui social".

Shamshu ha indubbiamente il dono di tradurre il pensiero di Rastogi in una forma più semplice, diretta e moderna.

"Che senso ha fare tante esperienze entusiasmanti, compiere viaggi stupendi, coltivare relazioni d'amore appaganti e super performanti che tanto quando avremo 90 anni non ci ricorderemo più nulla e anche se ce li ricordassimo nessuno perderà anni a trascriverle sul marmo della nostra tomba?"

A che serve accumulare beni in vita, compresi gli smartphone e gli occhiali da sole "che non potremmo mai portarci nella tomba perché è risaputo che lì sotto non arriva né campo né sole?"

A che serve accumulare denaro in vita che non potremo trascinarci sottoterra perché "si sa che dopo la morte il cambio non mai è favorevole?".

A cosa serve contrarre mutui decennali per ammobiliare la casa "che tanto per arredare un loculo sono sufficienti due ceri e un vaso e che persino il faraone Cheope sembra non sia riuscito, dopo morto, a godere appieno dei numerosi confort che si era fatto portare nel 2560 a.C. nel suo mastodontico sepolcro costruito a forma di piramide con 2 milioni e 300 mila blocchi di pietra in circa 23 anni di lavori?".

E ancora più provocatoriamente egli si chiede: "a che serve volersi portare nella bara i nostri affetti più cari quando persino loro, se interrogati, non ci terrebbero ad esserci?".

I disturbi dell'essere

Shamshu sottolinea quanto già nel testo di Rastogi sia presente l'idea di una forma particolare di intelligenza (*l'intelligenza spirituale che fa ridere*) che l'uomo possiederebbe fin dalla nascita per imparare a svincolarsi dal delirio di onnipotenza, dal desiderio di rivalsa e da un eccessivo attaccamento alla tettarella in silicone dell'ultimo modello di ciuccio quando ci si trova sul seggiolone o in carrozzina e successivamente allo schermo piatto ultrasensibile dello smartphone di ultima generazione quando si viaggia in treno o in metropolitana.

Shamshu condenserà meglio le cause di questi disturbi dello spirito come false credenze di una società di "narcisisti ossessivo-compulsivi dipendenti, in bilico tra il passivo e l'aggressivo, tendenti all'istrionismo e alla bizzarria, a volte paranoici e altre asociali."

Credere che possa esistere realmente la proprietà privata (anche dopo la morte), che la società sia un insieme di istituzioni finalizzate al bene comune (intendendo per 'bene comune' il proprio stipendio, il proprio posto auto e la propria casa al mare) e che si possano sancire legami indissolubili per usucapione (come nei matrimoni e nelle convivenze legali, e quindi forzate) sono solo alcuni esempi delle molteplici distorsioni dell'essere che l'uomo compie abitualmente nel tentativo di abitare questo mondo.

Per Shamshu Subramani, alcune di queste distorsioni dell'essere (e che sono all'origine di sentimenti inutili e distruttivi come rabbia, odio e bannamento), sono la conseguenza di un'educazione sbagliata e di errate convinzioni che si formano fin dalla prima infanzia, come quella che si possa vincere al gioco dell'oca per meriti personali.

Più volte lo stesso Shamshu sottolinea quanto sia sano ridere di chi "non si fa mai la doccia e poi passa i weekend a lavarsi l'auto", di chi "ti obbliga a mettere guanti di plastica in un supermercato per non contaminare della verdura modificata geneticamente", di chi "usa tutti i giorni le scale mobili per recarsi in palestra".

Per Pukhraj Rastogi "l'intelligenza spirituale che fa ridere" può facilitare l'uomo nell'intraprendere il suo tragitto di trascendenza a patto che egli sappia andare oltre gli aspetti contingenti dell'esistenza, aspetti che possono limitare il suo percorso di liberazione dal karma e il raggiungimento del nirvana.

"Il riso può assumere una funzione meramente consolatoria quando scaturisce da noi che osserviamo in modo disincantato la realtà che inciampa nelle sue contraddizioni, ma diventare molto più frustrante quando scaturisce dalla realtà che osserva in modo disincantato noi che inciampiamo in una deiezione di macaco".

Vite rimborsate

"La vita è un'opportunità, un viaggio che, a causa del suo eccessivo costo, non possiamo sprecare."

Shamshu ce lo dice chiaramente quando sostiene che il nostro vero risveglio accade in treno, quando destandoci da un pisolino ci accorgiamo di non essere diretti verso la destinazione che avevamo indicato sul portale online della stazione e ci dicono che "l'errore è nostro e che il biglietto di questo viaggio non ci verrà mai rimborsato".

Del resto a chi potremmo mai chiedere un risarcimento se non a noi stessi per aver abboccato a tutte le false credenze che i nostri simili ci propongono quotidianamente?

Concepire la vita come una ripetizione quotidiana di azioni e comportamenti senza mai fermarsi a riflettere sul senso ultimo di queste reiterazioni ci aiuta a coltivare l'illusione che il viaggio sia confortevole e abbia una meta finale molto diversa da quella reale.

E questa illusione la coltiveremo fino a quando in fin di vita non sentiremo il nostro partner arrabbiarsi al telefono con le pompe funebri per l'eccessivo costo delle corone di fiori sulla nostra prossima bara in mogano.

Per Pukraj Rastogi vivere "è partire con un secchio per l'acqua e ritornare a casa con il secchio vuoto" perchè, aggiunge Subramani, "molto spesso è bucato."

Shamshu arricchirà meglio l'analogia del secchio vuoto con nuove metafore:

"(...) è incamminarsi con il sorriso sulle labbra e rientrare con l'herpes."

"(...) è uscire con un sacchetto della spazzatura e tornare a casa con tutti e tre i bidoni della differenziata".

Entrambi gli autori concordano su un punto: quello che ci resta dopo la vita non ha nulla a che fare con la vita stessa. E forse anche la vita stessa dopo la vita non ha nulla a che fare con la la vita stessa prima della vita. E questo accade soprattutto quando in vita, la vita diventa "il pensiero assurdo di credere che possa esistere una vita oltre la vita stessa."

E tutto questo, anche se non lo capiamo, accade perché mentre noi pensiamo alla vita "la vita stessa se ne frega del nostro pensare a lei."

Partiamo a mani vuote con l'intenzione di procurarci qualcosa e torniamo a mani vuote non solo perché ci siamo persi in un mondo dove possiamo solo acquistare cose stupide in contesti idioti da persone imbecilli, ma soprattutto "perché le nostre mani, anche se possono trasformare la materia, non possono trattenerla".

Il buddismo che fa ridere

Per Pukhraj Rastogi non si può comprendere né praticare il Buddismo se non si possiede l'intelligenza che fa ridere, e cioè se non si sa come utilizzarla per interpretare il mondo e non si è in grado di applicarla per distaccarsi da esso.

In aggiunta agli insegnamenti del Siddharta Gautama (563-483 a.C.), egli ritiene che si possa concretamente individuare la fonte unica della sofferenza e il modo per eliminarla solo praticando con quotidianità questo tipo di intelligenza.

Nel suo "*Vyaavahaarik khuphiya ki aap hansee banaata hai*" egli esemplifica meglio questi concetti riportando alcuni passaggi significativi tratti dalle quotidiane conversazioni che avvenivano tra lui e Sudraka.

In una di esse, egli riporta una parte del dialogo avvenuto dopo aver ascoltato una poesia recitata dal suo amico re.

"Allora che ne pensi?"

"Grandiosa"

"Quindi ti è piaciuta?"

"Volevo dire che è grandiosa questa tua ostinazione nello scrivere e recitare poesie la cui bruttezza è inferiore solo a quella di... un'altra tua poesia"

"Quale?"

"Quella che mi hai recitato ieri, ad esempio"

"Quella che parlava della morte?"

"Sì. Anche quest'ultima, secondo me, aveva a che fare con la morte"

"Ma che dici? Parlava di amore e di bellezza..."

"Non intendo nei contenuti ma nella forma... "

"Così però offuschi la mia dignità"

"Ah... quindi sai cos'è. Ma qual è il fine ultimo nel divulgare queste tue poesie, oltre quello di condurti a praticare l'eremitaggio?"

"Ieri ho cercato di farti riflettere sulla fine della vita"

"Su questo ci sei riuscito..."

"Tutti pensano che la morte sia la cosa peggiore che ci possa capitare..."

"Tutti tranne io"

"C'è qualcosa che temi più della morte?"

"Ce ne sono diverse"

"Quante?"

"Dipende. Tu quante poesie hai scritto?"

"Ti ho turbato, dunque?"

"Mi hai fatto perdere fiducia nell'uomo"

"Cosa posso fare per ridarti fiducia nell'umanità?

"Assicurarmi che non mi leggerai più una tua poesia".

L'impermanente permanenza del ridicolo

Per il buddismo la sofferenza deriva dall'illusione che le cose impermanenti siano permanenti, per Pukhraj Rastogi la sofferenza deriva

"(...) da un'ingannevole credenza che le cose siano permanentemente serie e non come esse sono in realtà, e cioè impermanentemente ridicole".

Le quattro sofferenze (nascita, malattia, invecchiamento e morte) pur essendo comuni a tutti si differenziano a seconda che gli esseri siano effettivamente nati, malati, invecchiati o morti.

Se prendiamo sul serio un uomo nato, malato, invecchiato o morto ci rendiamo conto che egli non avrà una vita facile, "soprattutto nell'ultimo caso".

Come ci suggerisce Shamshu, in ognuno di

questi stadi, noi dobbiamo rinunciare a qualcosa:

"(...) quando nasciamo dobbiamo rinunciare a sguazzare nel liquido amniotico, quando ci ammaliamo a mangiare i fritti, quando invecchiamo a usare i denti per masticare e quando moriamo a postare selfie sorridenti."

Ma se guardiamo da un'altra angolatura, e cioè ponendoci in una posizione chinata con il busto piegato all'indietro e la testa reclinata a destra o sinistra (una posizione un tantino scomoda), ci accorgiamo (prima che ci venga l'artrosi) che facciamo fatica in tutto: a nascere, a guarire, a invecchiare, a tirare le cuoia.

"È per questo, forse, che sulla nostra tomba si scrive qui riposa in pace (sottinteso: dopo una vita di stenti)".

La maggior parte delle religioni si fondano su un'illusione e su una minaccia: l'illusione dell'eternità per chi ha seguito le regole e la minaccia di afflizione per chi non è stato un buon praticante.

"Se siamo stati bravi (secondo i precetti)

avremo la possibilità di essere festeggiati e osannati per sempre, altrimenti verremo castigati, puniti e segregati ad libitum".

Per vincere le tre forme di orgoglio (l'orgoglio della gioventù, della salute e della vita), Rastogi, in sintonia con il Buddha, ritiene che occorre superare tre principali avversioni:

- l'avversione nei confronti di chi è vecchio (dovuta all'alito pesante);

- l'avversione per chi è malato (dovuta al continuo lamentarsi);

- l'avversione per chi è morto (dovuta al cattivo odore della decomposizione)."

Per Pukhraj Rastogi la vita è un flusso continuo regolato dall'alternanza di vita e morte all'interno di un universo guidato da un movimento ciclico che si ripete costantemente: nascere un po' piangendo e un po' ridendo; vivere un po' piangendo e un po' ridendo; sparire lasciandosi alle spalle l'eco dei propri pianti e delle proprie risate.

Tutti i fenomeni si evolvono in questo flusso

costante di riso e pianto perché "niente di per sé esiste tristemente o allegramente".

L'infelicità e la sofferenza derivano dall'illusione che le cose siano seriamente permanenti.

"Chi crede eterna la propria vita – scrive Pukhraj – ha paura di ridere della propria morte, chi crede infinita la propria giovinezza rifugge l'idea di ridere della propria vecchiaia e chi crede scontata la propria salute non riesce a prendersi per i fondelli quando si ammala".

La verità è che la realtà è un'impermanenza che si declina in una ridicola permanenza ma che si manifesta in una seriosa "impermanente permanenza del ridicolo".

Una persona che non va oltre questa superficiale percezione, che non coglie quella verità che si manifesta quando scoppiamo a ridere ogni volta che ci capita una disgrazia, è destinata a vivere tutto ciò che gli accade con grande sofferenza e dolore.

Se per il buddismo è l'attaccamento al

desiderio l'origine di ogni sofferenza e l'estinzione di questo desiderio la cessazione di tutte le sofferenze, per Rastogi è il "saper vedere in ogni desiderio una forma umoristica di sofferenza e in ogni sofferenza una forma umoristica di desiderio".

L'illuminazione e la noce di cocco

Anche Pukhraj cercò l'illuminazione andando sotto un albero. Solo che a differenza del Siddharta, che si era seduto sotto un fico, egli si sedette sotto un cocco.

Anch'egli rimase colpito, ma non come il Siddharta dalle quattro sofferenze altrui, ma dalla prima noce di cocco matura della stagione che gli centrò in pieno la testa.

Fu per questo che le quattro sofferenze individuate dal Buddha, si assemblarono in lui in un'unica e riassuntiva sofferenza, concentrandosi sul lobo temporale, sul sistema limbico e sulla corteccia somatoestesica primaria.

La scoperta inoltre che quel dolore lancinante potesse contemporaneamente essere oggetto di riso per tutti coloro che avevano occasionalmente assistito alla scena lo condusse a riflettere sulla natura contorta della sofferenza e sul cinismo che porta gli uomini a considerare piacevole qualcosa di spiacevole quando capita ad altri.

Attese quindi l'illuminazione, che arrivò puntuale con la caduta della seconda noce di cocco.

Ma egli questa volta era pronto e, nonostante il dolore, rise per la reiterazione di questa disgrazia.

Purtroppo i passanti non capirono il senso di questa illuminazione e lo condussero dal loro medico-stregone, convinti che due noci di cocco cadute in poco tempo sulla stessa testa, potessero lesionare gravemente i centri del ragionamento e deformare la capacità di percezione degli eventi.

Non fu facile convincere il medico-stregone che non era impazzito e, per liberarsene, dovette usare quella stessa noce di cocco.

Le quattro nobili verità

Cominciò così anche lui a insegnare le quattro nobili verità, aggiornando a modo suo gli insegnamenti basilari del Buddismo:

1) la vita è sofferenza e la sofferenza è tragica se capita a noi, umoristica se capita ad altri;

2) la causa della sofferenza è il desiderio, la causa del desiderio è il non voler soffrire, la causa del non voler soffrire è il credere che la sofferenza sia tragica se capita a noi e umoristica se capita ad altri;

3) la sofferenza può finire se ci si libera dal desiderio, ci si libera dal desiderio se ci si libera dalla paura di soffrire, ci si libera dalla paura di soffrire se ci si libera dal credere che la sofferenza sia tragica se capita a noi e umoristica se capita ad altri;

4) la libertà dalla sofferenza, e quindi dal desiderio e quindi dalla paura di soffrire, e quindi dal credere che la sofferenza sia tragica se capita

a noi e umoristica se capita ad altri, si ottiene su un sentiero con otto componenti: giuste vedute umoristiche, giuste intenzioni ironiche, giusto parlare arguto, giusto agire comico, giusta rendita faceta, giusto sforzo sagace, giusta mentalità spiritosa e giusta contemplazione autoironica della realtà e di se stessi per arrivare finalmente a comprendere quanto sia fallace credere che la sofferenza sia tragica se capita a noi e umoristica se capita ad altri.

Riprendendo gli stessi concetti, Shamshu Subramani aggiunge che solo in questo modo

"(...) l'uomo può liberarsi dal ciclo di nascita, morte e rinascita (e la donna da un altro ciclo ugualmente odioso e fastidioso), raggiungere il Nirvana (che consiste in uno stato di nullità astratta dove nessuno ci parlerà più di 'riforma delle istituzioni', 'governabilità democratica' e 'interessi dei grandi gruppi finanziari') e far perdere le proprie tracce al Karma (che, come è risaputo, tende a pedinare ossessivamente le persona in ogni ciclo del samsara)."

Il karma umoristico

Nel suo piccolo capolavoro "Ironia e consapevolezza: il senso del non essere nell'oceano dell'essere" Shamshu Subramani si appropria e rielabora molti concetti di Pukhraj Rastogi.

Partendo dalla semplice constatazione che il buddismo non è una vera e propria religione, ma un modo di interpretare le differenti religioni attraverso il comportamento che i loro adepti assumono nei confronti del buddismo stesso, egli si focalizza sulla tesi che il "dharma Vinaya"[10] possa in realtà essere un filtro, una meta-religione, una messa in scena di rituali anti ritualistici utili a misurare il livello di credibilità delle altre religioni attraverso la loro capacità di tollerare o meno l'esistenza di una credenza spirituale senza prescrizioni e senza veri e propri

---

[10] Letteralrmente *gli insegnamenti del Buddha*. Il termine Dharma (simboleggiato da una ruota, il *dharmacackra*) indica quali sono gli insegnamenti, a partire dalle origini della sofferenza fino alle pratiche per raggiungere l'Illuminazione. Il termine *vinaya*, significa disciplina e indica la raccolta delle norme di condotta da seguire.

comandamenti.

Spingendosi oltre (ma senza ancora finire in un precipizio) Shamshu ipotizza che ogni religione possa essere una sorta di karma spirituale in grado di trascendere lo spazio e il tempo e che ogni persona in ogni parte del mondo può abbracciare in relazione ai suoi percorsi di crescita già segnati da un destino che si predestina semplicemente autodefinendosi.

Il buddismo non oppone dogmi ad altri dogmi, non si fonda su racconti mitologici o su leggende favolistiche che si sovrapporrebbero ad altri racconti mitologici e ad altre leggende favolistiche e non fa appello a misteriose rivelazioni che confuterebbero altre ancor più misteriose rivelazioni.

Il buddismo non moltiplica pani e pesci, non obbliga ad abluzioni particolari prima dell'orgasmo, ad andare a messa tutte le domeniche o a digiunare di giorno per ingozzarsi di notte.

Ed è proprio questo sottrarsi a un modello calcistico di competizione misticamente paranoica circa le abitudini alimentari, domenicali e/o sessuali dell'uomo che ha reso il buddismo così poco classificabile ai molti fedeli delle altre religioni (un po' antipatico per alcuni e simpaticissimo per altri).

Il buddismo, secondo Shamshu, si fonda su un paradosso teo-logico: essere una religione senza esserlo, ricercare il divino senza un vero Dio a cui ispirarsi, praticare l'ascesi in vita senza poter ascendere al cielo dopo la vita. È un Logos senza Theo, un Tholos senza cupola, un Eros senza thanatos, un Thopos senza formaggio.

Il buddismo e l'umorismo, oltre a fare rima, si integrano vicendevolmente, tanto da condurre Shamshu ad affermare senza reticenze che il buddismo "potrebbe essere la rappresentazione umoristica di tutte le religioni."

Mentre le altre religioni "si occupano del cielo, per costruire scenari metafisici (con personaggi eterni) e paradisi celesti (o fiscali a seconda della cultura locale)", cercando di imporre la fede attraverso "minacce di esemplari espiazioni dovute a colpe e peccati (ardere tra le fiamme per l'eternità), e stabilendo i confini del bene e del male (compresi quelli del bene o male, insito nel purgatorio, e cioè in quel luogo-lassativo dove si scaricano le colpe che intasano i condotti intestinali delle anime)", il buddismo si concentra sul modo con cui ogni essere umano può liberarsi dall'agonia della sofferenza.

"Ma cos'è la sofferenza se non tutto ciò che l'uomo teme maggiormente e che quindi lo porta a credere a tutte quelle sciocchezze fantasiose che caratterizzano ogni altra forma di spiritualità sorta per difendersi dall'idea che sia tutto casuale, e quindi anche la sofferenza?"

Mentre quindi tutti gli altri sacerdoti e custodi della fede sono concentrati a sostenere mirabolanti canovacci su quello che accadrà quando la vita cesserà e a cercare faticosamente di renderli vagamente credibili con argomentazioni efficaci fondate su allusioni metaforiche o, se non si riesce a convincere, con intimidazioni eterne e/o assolvimenti temporanei tramite percorsi spiritualmente certificati, il buddismo se ne frega[11] e in modo molto rilassato (e forse un tantino snob) si focalizza sul perché:

" (...) l'uomo debba così tanto faticare a vivere e su come possa sbarazzarsi dal dolore, dalla paura di morire, dal fastidio dei cattivi odori e dai sermoni stracciapalle[12]".

---

[11] In Hindi "kaun paravaah karata hai"
[12] In Hindi "pichhavaade mein dard"

Il paradosso del dukkha (difficile da sopportare)

☐ C'è una parola che per Shamshu è opportuno tenere presente. Una parola che nella lingua utilizzata dal Buddha, ovvero la lingua Pali, di derivazione sanscrita, non significa solo sofferenza, ma sottintende l'intera gamma delle azioni umane e le classifica come inconsistenti, insoddisfacenti e fetecchie[13].

Questa parola magica è *dukkha*[14]. Dukkha è un termine speciale composto da un prefisso negativo (*du* = difficile) e da un suffisso vuoto e aleatorio (*kha* = sopportare). Dukkha quindi equivarrebbe a *difficile da sopportare*.

D'accordo che anche termini come *nondimeno*, *nonplusultra*, *neppureio*, *sonoionontu* e *populista*, essendo anch'essi composti da un prefisso negativo (*nondi,*

---

[13] In Urdu: گندگی

[14] In Pali दुक्ख e in Sanscrito दुःख

nonplus, neppure, sonoio, popu) e da un suffisso vuoto e aleatorio (*dimeno, ultra, io, nontu, lista*) sono difficili da sopportare e potrebbero anch'essi ambire all'inconsistenza, all'illusorietà e alla fetecchieria[15].

Ma essi, nonostante la loro evidente potenza evocativa di nullità, rimangono troppo vincolati alla volgarità socio-culturale di un singolo presente storico per essere adottati da uno studioso scrupoloso e lungimirante come Shamshu Subramani, costretto, oltretutto, a fare i conti con le complesse discrepanze etimologiche insite nel sanscrito, nel pali, nell'hindi, nell'urdu e negli altri ventidue dialetti della sua complicatissima (da un punto di vista linguistico) terra.

Il *dukkha*, quindi, è un termine complesso, contaminato, sporco. Un concetto che rischia di finire "nella lavatrice delle nostre centrifughe sinaptiche", costretto a identificarsi con altri concetti vuoti e usurati come "sofferenza, dolore, debito d'imposta, calo del Pil, inestetismi della

---

[15] In urdu اور ہے رہی آبدبو .

pelle, è stato solo sesso", perdendo, in questo modo, la sua peculiare vocazione a indicare una più ampia situazione di incongruità dell'esistenza, di paradossalità della vita e, per completare questa triade, di incompletezza del mondo stesso in cui crediamo di vivere e di esistere.

Come ci fa notare Rastogi, il *dukkha* è in sostanza "tutto ciò che diciamo osservandolo dall'angolatura del fare e tutto ciò che facciamo osservandolo dall'angolatura del dire."

Se poi mescoliamo il tutto osservandolo dall'angolatura del non dire (tacere) e del non fare (svaccare), ecco che il dukkha si rivela agli uomini come un "insondabile paradosso umoristico del nostro essere facenti pur essendo nullafacenti".

Secondo Shamshu dovremmo tradurre il *dukkha* con l'espressione "se è difficile da sopportare allora è meglio non dire e non fare, ma soprattutto non dire tanto per fare e non fare tanto per dire."

Il *dukkha* è "il tutto che diventa niente (e

viceversa), è il senso che diventa nonsenso (e versavice), è il faceto che diventa diceto (versavice e)."

Se è pur vero che queste ultime parole di Shamshu tradiscano la nostra logica argomentativa è anche vero che la nostra logica argomentativa non avrebbe diritto ad essere gelosa di noi, "non essendo mai riuscita ad appagare pienamente il nostro bisogno di senso circa la relazione causale tra la presenza nell'universo cosmico di supernove e buchi neri e la presenza sul mercato digitale dei trinciapeli da naso e delle lampade led per tazze WC".

L'autofagia del piacere

Come per il buddhismo, anche per Shamshu gli stati di piacere sono dukkha, perché comprendono, nel loro essere piacevoli, qualcosa di non completamente piacevole, qualcosa che ostacola la piena realizzazione delle nostre aspettative di godimento eterno.

Shamshu lo qualifica appropriatamente come una sorta di suicidio della felicità, una sorta di "autofagia del piacere": fagocitando l'illusione di un godimento permanente, "si coltiva la pianta velenosa dell'allettamento, creando le condizioni della disattesa del piacere e della nostra conseguente infelicità con l'inevitabile perdita di qualsiasi godimento, compreso quello di inserire al primo colpo una chiavetta nella porta USB del PC o quello, ANCOR PIU' EFFIMERO, di non voler più riscrivere una frase rimasta in maiuscolo solo perché ci si era dimenticati di togliere lo shift."

Per rendere ancora più chiaro il concetto, Shamshu ce lo spiega con due semplici esempi:

Primo esempio: una meringata con crema pasticcera, panna, mandorle tostate e cioccolato fondente di dodici porzioni proposta impudentemente a una festa. Essa "è destinata a scomparire in poche ore, lasciando nei diciotto invitati il desiderio di consumarne ancora, soprattutto nella mente dei sei che ne sono rimasti esclusi perché non hanno avuto la prontezza di avventarsi per primi al tavolo dei dolci. E non sarà affatto di conforto per questi sei scoprire, a distanza di anni, che alcuni di quei dodici fortunati siano poi stati costretti a portare addosso un microinfusore insulinico."

Secondo esempio: il frequente consumo di un appagante rapporto sessuale in una coppia affiatata. Esso darà "la sua frustrante sensazione di illusorietà e insoddisfazione nel lungo periodo, soprattutto quando quella coppia avrà raggiunto l'età in cui il più efficace anticoncezionale sarà quello di accendere la luce."

La condizione umana sarebbe quindi insopportabile, triste e dolorosa senza quel filtro ironico "che ci consente di vedere il dukkha in ogni cosa, compreso nel fatto che i calzini maschili tendono a bucarsi in modo più frequente di quelli femminili."

Quantunque il dukkha sia "ovunque, comunque, ordunque", senza il filtro del distacco ironico non potremmo adottare alcuna forma di insegnamento spirituale.

Se per Rastogi, infatti, nessun dhamma[16] sarebbe possibile senza l'umorismo, per Shamshu nessun addestramento dell'anima potrebbe condurci alla cessazione di quella sofferenza che è onnipresente in tutti gli esseri viventi (comprese le mosche e i pappataci), ma anche negli oggetti e nelle cose inanimate (compresi i troll, i fans e gli operatori telefonici dei call center commerciali).

---

[16] Uno dei tre gioielli del Buddhismo (*Triratna*): *Buddha* (l'essere illuminato in tutti gli uomini), *Dharma* (gli insegnamenti per raggiungere l'illuminazione) e *Sangha* (la comunità degli illuminati).

I collezionisti di carcasse

Nell'ultima parte del suo trattato, Shamshu, riprende e rafforza la visione allargata del dhamma di Pukhraj Rastogi.

Non possiamo superare la sofferenza se non cogliamo la sua vera natura e non possiamo cogliere la sua vera natura se non comprendiamo "che non solo gli uomini, gli animali e le piante soffrono ma ogni altra cosa dell'universo."

"Una matita non temperata a dovere" soffre tanto quanto un uomo "privato della sua rivista preferita da consultare in bagno" o un gatto "a cui è stato sottratto un piatto di croccantini al gusto di calamaro."

Una pentola di alluminio scrostata con una forchetta soffre tanto quanto "una donna che si fa la ceretta a strappo" o "un merlo indiano a cui è stato insegnato a cantare l'inno nazionale in venti dialetti differenti, compreso il sanscrito."

Una lavatrice che non riesce a smaltire il

calcare soffre tanto quanto un uomo "che ha mangiato una peperonata per cena" o "un cane che ha ingerito una suola credendola una sogliola."

Tutto è destinato a logorarsi nel tempo: "il corpo umano, i componenti di un computer, i marron glacé."

Tutto è soggetto a mancanza-eccesso: "i fagottini alla crema, il gioco del Tetris, la carta igienica."

Tutto si può distruggere o rovinare: "un parcheggio ben fatto in retro se togli la frizione troppo presto, un candeggio con camicie di seta bianca se ci metti un paio di calzini rossi, un ottimo pollo al curry se ci aggiungi la cannella durante la cottura."

Se è vero quindi che "nulla si distrugge e nulla si crea ma tutto si trasforma"[17] è anche vero che se osserviamo l'intero processo di trasformazione ci accorgiamo che l'uomo tende a "edulcorare

---

[17] Celebre legge fisica della meccanica classica, che prende origine dal cosiddetto postulato fondamentale di *Antoine-Laurent de Lavoisier*, chimico, biologo e filosofo francese della metà del settecento.

ogni forma di cambiamento con leggi universali e concetti ombra per mascherare la sofferenza insita nel logoramento e conseguente scomparsa di ogni essere animato, inanimato e automunito."

Il cambiamento, infatti, non è mai indolore e non sempre implica un miglioramento, anzi spesso è il segno di un lento e inesorabile decadimento: per capirlo basta guardare cosa succede a una mozzarella di bufala lasciata incustodita in frigo per due mesi.

Tutta la letteratura moderna che ispira la formazione dell'uomo in una società evoluta e che vorrebbe educarlo a crescere in fretta è fondata sulla retorica del cambiamento positivo e cioè "sull'idea che non sia possibile vivere in un mondo senza zanzare tigri, emorroidi e broker finanziari."

Per essere più felici, secondo questa letteratura, bisognerebbe sempre 'accettare il cambiamento', 'favorire il cambiamento', 'gestire il cambiamento'.

Ma cos'è il cambiamento?

Come ci suggerisce Shamshu il cambiamento è "una reiterazione di eventi che testimoniano il passaggio dell'essere dalla sua primordiale creazione alla sua inevitabile scomparsa: se non cambiasse mai nulla non ci sarebbero le farfalle e quindi nemmeno i collezionisti di farfalle rinsecchite."

Secondo una consolidata mentalità molto in voga nelle società consumistiche moderne, adattarsi al cambiamento significa contribuire allo sviluppo produttivo del proprio paese e quindi in generale al progresso dell'umanità.

E questo, per Shamshu, è vero nella misura in cui "senza adattamento non c'è evoluzione, senza evoluzione non c'è crescita e senza crescita nessuno potrà poi pagare le spese per il nostro funerale".

Esattamente come chi conserva i cadaveri delle farfalle, nelle società consumistiche ogni uomo può diventare un bravo "collezionista di carcasse", imparando ad adattarsi a qualsiasi cambiamento, compreso "l'ultimo cambiamento, quello finale e definitivo, il cambiamento supremo: la trasformazione della materia organica in concime e vermi con conseguente scomparsa di quello stesso io mutante che pensava di poter accettare, favorire o gestire il cambiamento."

Il tormento ontologico dell'essere unico

Sia Rastogi che Shamshu concordano su un punto: o tutte le cose hanno un'anima o l'anima non esiste e di conseguenza neanche l'uomo.

La dimensione soggettiva dell'essere ha bisogno di riflettersi in una pluralità oggettiva di esseri per potersi auto-identificare e darsi un senso. L'essere-in-sé deve oggettivarsi nell'essere fuori-di-sé se vuole auto-riconoscersi, e questo, tra l'altro, spiegherebbe anche il perché quando un uomo si trova in mezzo al traffico senta l'irresistibile bisogno di fare le corna e inveire in modo scomposto contro altri automobilisti.

Ogni essere pensante (compreso l'uomo e la sua espressione più spirituale che sarebbe l'anima) ha quindi bisogno della dimensione oggettiva dell'essere per dare significato al suo ego, che altrimenti rischierebbe di appropriarsi il merito di ogni cosa, come il credere che possano crescere gli alberi da frutta grazie allo sviluppo dell'industria dei pesticidi e dei diserbanti, che possano esistere paesaggi naturali mozzafiato grazie alla presenza di strutture alberghiere e agenzie di animazione e che si possa avere del buon sangue grazie al consumo quotidiano e smodato di vino e alcolici.

La dimensione soggettiva dell'essere non può quindi prescindere da quella oggettiva, nel senso più letterale del termine. Questa interdipendenza, però, si colloca per Shamshu in una cornice di finzione teatrale ontologica del non essere che "per auto-riconoscersi come tale deve soggettivarsi in un Io che si finga parte di tanti altri Io sparsi nel mondo".

Escludere da questa messa in scena filosofica (e spirituale) tutte le cose animate e inanimate che non siano uomini, donne o transgender sarebbe perciò come "ammettere inconsapevolmente la propria sconfitta di esseri pensanti e raziocinanti, condannandosi all'indicibile sofferenza di doversi accontentare di una qualsiasi banale spiegazione religiosa al solo scopo di aggirare l'insopportabile dubbio che il proprio Io possa scomparire definitivamente dalla scena".

Se l'Io quindi è una finzione "del non essere che crede di essere", escludere dal gioco ontologico ogni cosa che non sia l'uomo, comporterebbe "un doloroso e immediato decadimento della finzione dell'Io con conseguente e lacerante disvelamento dell'inganno insito in ogni filosofia e in ogni religione".

A conferma di ciò, Shamshu sottolinea quanto sia proprio questo a rendere la vita di ogni uomo un tormento: essere costretti ad accettare tutte quelle improbabili e ridicole ricette 'esistenziali' che "in cuor nostro percepiamo come inganno ma che, per ragioni banalmente umane, dobbiamo fingere di condividere".

Ecco quindi perché sia per Shamshu che per Rastogi, l'uomo non può fare a meno di credere che le cose esistano, respirino le ansie dell'uomo, assimilino e riflettano le gioie e le malinconie di chi le usa e le possiede.

E non solo.

Le cose nutrono sentimenti per proprio conto, esultano quando sono considerate, accudite, impiegate; soffrono quando sono ignorate, maltrattate, abbandonate.

"La differenza tra l'uomo e ogni altro essere animato o inanimato", scrive Rastogi, "è che l'essere umano oltre ad auto-attribuirsi un'anima pretende di essere l'unico a possederla per giustificare il suo diritto a soddisfare bisogni non legati all'anima stessa".

Nel riprendere lo stesso concetto, Shamshu si spinge oltre: "Il possesso esclusivo dell'anima conferisce alla razza umana il potere di sfruttare tutti gli altri esseri animati e inanimati presenti sul pianeta che depreda."

Pensare che solo l'uomo possa avere un'anima, per Rastogi, è "una credenza primitiva che alimenta una forma particolare di follia tipicamente umana, che si fonda su tre principi: onnipotenza, puerilità e presunzione".

Sempre per Rastogi, questi tre principi sono tipici dell'essere selvaggio, credulone, che si trova a uno stadio di rudimentale immaturità tale

"da identificare i propri sentimenti come 'anima'
e quindi dal credere che solo chi manifesta quei
rozzi sentimenti possa avere un'anima."

Riprendendo anche questo concetto Shamshu
Subramani si interroga:

"(...) come può un essere capace di scatenare
guerre, morte e distruzione per un cane smarrito[18],
per un secchio di legno[19] e per un orecchio
tagliato[20] credersi superiore ad ogni altra forma
di esistenza?"

O ancora più aspramente:

"(...) come può uno che al ristorante ordina il
foie gras[21] (o una 'tartare' non troppo cotta), che
il 31 dicembre celebra in modo rudimentale la
fine dell'anno con la liturgia vudù del petardo e
che in bagno usa carta igienica rosa, doppio velo
e al profumo di talco e lavanda, possa avere
un'anima?".

---

[18] 1925: tra Grecia e Bulgaria con 171 morti
[19] 1325: tra i ducati di Bologna e Modena con circa 2000 morti
[20] 1739: tra Spagna e Inghilterra con 25.000 morti e 600 navi affondate
[21] Barbara arte culinaria che si fonda sul torturare oche e anatre ingozzandole con pompe idrauliche

Lo spirito di tutte le cose

Secondo un'antica tradizione anche le cose vivono e la loro esistenza è il prodotto di tante persone che ne fanno uso, che le stringono tra le mani, che le afferrano, che le donano ad altri, e che talvolta le buttano via.

Su questo tema Shamshu Subramani si offre come collante tra presente e passato: egli mette in relazione le tesi sullo spirito degli oggetti di Pukraj Rasotogi e una parte della visione animistica proposta dal Buddismo Shingon indiano, sorto nell'epoca medievale del X secolo, e poi recuperata dalla tradizione shintoista giapponese.

Gli oggetti non esistono solo attraverso i nostri pensieri e le nostre mani, gli oggetti hanno vita propria e possiedono un'anima, esattamente come tutti gli altri esseri viventi. Non possiamo né vederla, né sentirla, ma possiamo dedurla da alcuni indizi, come, ad esempio, quando dopo lunghe ricerche "avvistiamo le chiavi di casa proprio su quel tavolo da cucina dove avevamo guardato parecchie volte" oppure quando scopriamo che c'è "un buco in un calzino che pochi minuti prima, quando l'abbiamo indossato, era perfettamente integro".

L'unica antica cultura che ha mantenuto una visione universale dell'anima, identificandola come una presenza che appartiene anche alle cose, come abbiamo detto, è quella buddista giapponese e che si spinge persino a dare un nome allo spirito delle cose: *tsukumogami*[22].

Per Shamshu rappresenta un buon passo avanti, anche se riconosce che in questa tradizione "si manifesta ancora una volta quell'attitudine discriminatoria e antropocentrica che riconosce il diritto a possedere un'anima unicamente agli utensili" e cioè a quegli oggetti fabbricati principalmente per soddisfare bisogni materiali umani.

Tutti quegli oggetti che ci accompagnano nel corso della nostra vita e che ci supportano nelle

---

[22] 付喪神 = spiriti delle cose

nostre varie attività non sono quindi mere cose da sfruttare per poi disfarcene quando si usurano o non ci servono più. Tutti quegli oggetti che aiutano gli esseri umani nel loro lavoro, che li proteggono, li scaldano e li coprono, gli fanno compagnia e unendosi tra loro gli permettono a loro volta di creare altre cose nuove (come ad esempio i cuscini e le federe che unendosi diventano i cuscini con le federe), non meritano di essere maltrattati come fossero dei semplici quanto inutili ex-mariti.

A volte gli oggetti, come gli smartphone per gli adolescenti, i trapani elettrici per gli uomini sposati o il mascara per le donne divorziate, sono ancore di conforto, aiutano a trascorrere il tempo, diventando compagni di viaggio su cui poter sempre fare affidamento per "procurarsi il crafting, appendere armadietti nel bagno o figurare bene nelle telecamere di sorveglianza dei supermercati."

Esattamente come accade all'uomo (ma anche alle donne e agli adolescenti) è nello scorrere del tempo che le cose si animano di vita propria e possono diventare degli spiriti.

Sempre secondo questa antica credenza qualunque oggetto (e quindi persino la credenza stessa), dopo aver servito per almeno 100 anni l'uomo, può acquisire il diritto a possedere un'anima. Raggiunta tale età, infatti, tutti gli oggetti divenuti utensili possono trasformarsi in spiriti, il cui aspetto potrà variare molto, non solo in base al tipo di oggetto da cui viene originato ma anche in relazione all'uso che ne è stato fatto e dalle condizioni in cui è stato abbandonato.

Tale diversità risulterà evidente nelle differenti forme che potrà assumere lo spirito di un'antica anfora greca minoica con affresco fatto a mano e raffigurante Afrodite e Dioniso, di uno scovolino in plastica bianca con setole fini in nylon ottimo per tutti gli angoli ma rimasto senza portascopino o di un aspiratore di brufoli e punti neri con 5 modalità di suzione e ricaricabile USB.

Ma se l'utensile è stato trattato come un migrante economico proveniente dall'Africa subsahariana (e quindi abbandonato al suo destino perché ritenuto inutile e indegno di vivere come noi), avrà l'opportunità di diventare uno spirito maligno in cerca di vendetta, assumendo quell'aspetto terrificante tipico degli spiriti maligni. In caso contrario, avrà un aspetto benevolo e si manifesterà solo per apparizioni inoffensive.

Ed è proprio per evitare ritorsioni da parte degli utensili trasformatisi in spiriti malevoli che, ancora oggi, si svolgono delle cerimonie per dare consolazione e rendere grazie agli oggetti ormai vecchi e inutilizzati.

Questi riti sono chiamati *kuyou*[23] e alla fine delle cerimonie questi oggetti vengono distrutti.

Celebre ad esempio è il funerale delle bambole[24], che si svolge in diversi templi e santuari giapponesi solitamente nel mese di ottobre.

Durante tale cerimonia si rende l'estremo saluto alle bambole amate ma ormai non più desiderate perché rotte o vecchie. Si prega per

---

[23] 供養 = cerimonia funebre, funerale di oggetti vecchi
[24] 人形供養 = Ningyou kuyou

loro e si ringraziano per il compito svolto, infine vengono bruciate vive e affidate alla benevolenza di *Kannon,* bodhisattva della compassione[25].

Questa usanza ha anche una forte valenza pedagogica nei confronti dei bambini "educandoli fin dalla tenera infanzia all'idea che la cremazione è molto più economica, veloce e igienica rispetto al sotterramento della bara o alla tumulazione".

Famoso anche il rito funebre dedicato agli aghi da cucito rotti[26] sempre allo scopo di rendere grazie agli aghi per il lavoro svolto e pregare per loro.

Secondo la tradizione, le sarte giapponesi nel giorno dedicato alla divinità protettrice delle risaie si riposavano dai lavori quotidiani di cucito, e ne approfittavano per mostrare la loro

---

[25] Guanshìyin è il volto che nel buddismo ha preso il bodhisattva della compassione Avalokitesvara. È conosciuta anche come Quan Shi Yin, KuanYin, Quan'Am (Vietnam), Kannon (Giappone) e Kanin (Bali). Come scirive il Buddha: *"Uomo devoto, se l'insieme delle numerose infinite miriadi di esseri che in questo momento stanno soffrendo udisse il nome del bodhisattva Guanshìyin e invocasse il suo nome sarebbero liberi da ogni sofferenza"*

[26] 針供養 = Harikuyou è un rito funebre che si tiene ogni anno l'8 febbraio in diversi templi e santuari del Giappone,

gratitudine e rispetto ai vecchi aghi rotti e ossidati mettendoli in torte di tofu o konnyaku.

Le torte venivano poi fatte consumare per punizione ai bambini capricciosi, alle donne infedeli e agli uomini sorpresi a parcheggiare in doppia fila.

Anime autoreferenziali

Scrive ancora Shamshu: "non so quanti oggetti arrivino al secolo di vita e riescano così a conquistarsi l'anima (si ritiene, tra l'altro, che al giorno d'oggi non possano esistere oggetti tecnologici in grado di diventare tsukumogami), ma non credo affatto che sia l'uomo a dargli un'anima."

L'uomo può al massimo imparare a rispettare le cose prendendosene cura, ma non ha nessun potere di forgiarne l'anima come si evincerebbe dalla tradizione shintoista giapponese del tsukumogami. Da questa tradizione, invece, emergerebbe "un substrato ideologico autoreferenziale" che renderebbe l'uomo "capace di creare e distruggere le cose esclusivamente in funzione di sé stesso".

Anche da questa tradizione, quindi, affiorerebbe quell' antropocentrismo "ontologicamente puerile" descritto da Rastogi, in cui l'essere umano, pur partendo da buoni propositi nei confronti delle cose, si arrogherebbe il potere di dare vita solo all'anima degli utensili, e cioè di quelle cose che lo abbiano servito fedelmente per 100 anni.

"Sappiamo bene, ad esempio, che una tazza del water, la cui durata media varia dai 20 ai 30 anni, per quanto possa umilmente servire l'uomo nei suoi più bassi bisogni, non potrà mai arrivare a conquistarsi un'anima. Per non parlare dei vetrini degli smartphone, dei servizi per gli ospiti in cristallo e delle batterie al litio."

In un'epoca frenetica e consumistica come la nostra "forse solo i preservativi in lattice conservati da uomini single che d'inverno ruttano in mutande guardando il gran premio e d'estate escono in strada indossando sandali con calze bianche, potrebbero raggiungere intatti la durata di un secolo."

Siamo talmente abituati a vedere armadi, quadri, elettrodomestici al loro posto che gli passiamo davanti senza accorgercene, come fossero trasparenti. E ogni volta che questo accade, essi soffrono, perché tutte le cose patiscono l'indifferenza come qualsiasi altro essere vivente. "A volte un quadro cade, il radiatore del motore si inceppa, la lavatrice fa un rumore infernale e tende a spostarsi dal bagno al corridoio. Sono tutti segnali che manifestano l'insofferenza delle cose per la freddezza con cui le trattiamo tutti i giorni."

Eppure, come ci scrive Shamshu, "servirebbe poco, una parola, una carezza, un sorriso, un buon antigelo, un chiodo più robusto per renderle più felici. A volte basterebbe qualche piccola attenzione, un semplice sguardo muto di approvazione o un po' di anticalcare".

Ma noi no, niente, ci accorgiamo di loro solo quando ne abbiamo bisogno:

"(...) io non riesco a sopportare il pensiero di non fare nulla per la felicità di ogni cosa animata e inanimata che frequento quotidianamente e ogni tanto mi fermo davanti a un oggetto, lo guardo, lo ringrazio, a volte lo sfioro con le dita, gli sorrido e rimango un po' in attesa".

Anche se questa potrebbe sembrare una forma di pazzia, è sicuramente meno grave di quella che manifesta "ogni uomo che si crede unico e si comporta come se tutto gli debba appartenere per un banale e arbitrario diritto inappellabile (come alcune leggi sulla proprietà privata che gli affidano il possesso di alberi, porzioni di mare o intere isole anche dopo morto)."

Scrive infine Shamshu: "ogni uomo vive nella sua dimensione e trascorre il tempo con persone, animali e oggetti come meglio crede costruendosi il suo mondo in solitudine, nell'illusione di far parte di una comunità composta solo da esseri prepotenti come lui. Personalmente io non ho tempo per persone, animali o cose che pretendono di essere uniche, che non hanno un'anima o se ce l'hanno, è un'anima di merda."

Il paradosso della sofferenza

Quello che emerge dalle riflessioni di Shamshu, dunque, è che se la vita è intimamente connaturata al dukkha, il disvelamento di quest'ultimo è intimamente connaturato all'umorismo.

Cosa ci può essere di più 'dukkhaniamente' umoristico, infatti, nell'infelice costrutto del 'e vissero tutti felici e contenti'? Come si può rimanere seri di fronte a un uomo adulto e vaccinato (non solo al covid), destinato al decadimento fisico e alla decomposizione organica, che abbandonando ogni buon senso, sia sinceramente persuaso che possa esistere una felicità e una contentezza infinita e permanente?

Ogni uomo sa, in cuor suo, che il vero finale, nel migliore dei casi, si declina con un più schietto: "e morirono tutti tristi e delusi". Perché allora egli è disposto a credere all'opposto? Perché tende così palesemente a rinnegare la sua vera natura inventandosi uno scenario idilliaco e così apertamente falso? E come può un essere evidentemente dotato di intelligenza, non accorgersi della "palese contraddizione insita in un tale e improbabile costrutto?".

Per il buddismo la risposta a queste domande è semplice: l'uomo è un essere incoerente tendenzialmente portato all'autoinganno che per non soffrire si crea l'illusione che la realtà, e quindi la sofferenza, si possa affrontare evitandola o esorcizzandola.

Per Shamshu, invece, l'uomo è un essere umoristico potenzialmente autoironico, che per non soccombere di fronte all'inconoscibile si crea un paradosso tra ciò che è la realtà, e quindi una sofferenza, e ciò che egli pensa che la realtà sia, e cioè l'illusione che non sia una sofferenza.

Essendo per sua natura ridicolo, in sostanza l'uomo manifesta una sorta di "primitiva insofferenza alla sofferenza" che lo porta a negare "la natura stessa della sua esistenza in virtù di questa sua sofferente insofferenza alla sofferenza".

Per Shamshu noi possiamo superare la nostra

naturale insofferenza alla sofferenza solo quando riusciamo a "soffrire senza pensare di soffrire e quindi a pensare a quanto siamo ridicoli quando ci illudiamo che il fingere di non soffrire non ci faccia soffrire"[27].

Certo, quando osserviamo un uomo che è riuscito a raggiungere alcuni obiettivi che si è prefissato nella vita, noi comprendiamo che in lui esiste un certo tipo di intelligenza che gli ha consentito di raggiungerli.

Se poi quell'uomo, una volta raggiunti, manda tutto in vacca perché si è fissato di volerne raggiungere altri più ambiziosi, ecco che noi comprendiamo quanto il possedere quel tipo d'intelligenza sia vana di fronte all'assenza di un altro tipo di intelligenza (che alcuni chiamano buon senso, altri, per sottrazione, assenza di idiozia).

Se l'uomo sapesse veramente utilizzare la sua intelligenza nel suo complesso, infatti, si fermerebbe un attimo prima e accetterebbe il

---

[27] In Urdui मूत्र वसिर्जन करें

suo destino.

È anche per questo che per Shamshu, tutti gli esseri animati presenti sulla terra si possono suddividere in due grandi categorie: esseri con un'intelligenza istintiva e meccanica (come quella animale), esseri con un'intelligenza più complessa e creativa (come quella vegetale).

Un attento spettatore divertito

Ma Shamshu si spinge oltre fino a ipotizzare la prospettiva che l'umorismo potrebbe essere la forma più alta di sapienza umana. L'unica forma di saggezza in grado di farci capire quanto il nostro agire sia vano e superfluo "commisurato al movimento perenne degli astri celesti, all'espansione incontrollata dell'universo e agli aggiornamenti automatici di sistema del nostro pc."

Come sicuramente saprete (e se non lo sapete d'ora in poi non potrete più dirlo) Shamshu Subramani, purtroppo, è misteriosamente scomparso senza lasciare traccia dopo aver pubblicato quei pochi articoli dai quali abbiamo tratto le sue vicende, le sue riflessioni su Pukraj Rastogi e le sue teorie.

Come per Sudraka e Rastogi, tutto quello che sappiamo di lui, infatti, l'abbiamo trovato spulciando tra le scarne testimonianze scritte che abbiamo trovato nei suoi ultimi anni di esistenza.

Da un certo momento in poi nessuno ha più avuto sue notizie e le poche persone che lo hanno frequentato rinnegano persino di averlo incontrato e conosciuto.

Questo libro, quindi, è anche un accorato appello al personaggio: Shamshu Subramani, se sei ancora in questo mondo, rimani dove sei e goditi l'anonimato!

Nell'ultimo scritto, quasi come se volesse congedarsi dal mondo, egli ci dice che aveva imparato ad osservare la vita con distacco, senza prendere parte a tutte quelle vicende che obbligano "un attento spettatore divertito a diventare un attivo protagonista frustrato". È per questo, forse, che si era invaghito della magnificenza del Taj Mahal scartando l'idea che l'assoluta perfezione si potesse realizzare solo dopo la morte.

Col tempo aveva anche notato come la sua percezione (dello spazio e del tempo) mutasse radicalmente a seconda di quale profilo di quel monumento scegliesse di osservare e come l'imponenza simmetrica di quel monumento alla vita e alla perfezione potesse a tratti apparirgli quasi maldestra, o come lui stesso ci scrive:

"Una sorta di surrogato, una costruzione antropica che, nella sua sublime dissimulazione del divino, si arrendeva troppo facilmente all'inconoscibile".

Una sensazione che Shamshu Subramani nutriva ugualmente, pur non avendo mai afferrato bene il concetto di sublime dissimulazione e per niente quello di costruzione antropica.

FINE